PLANE DEINEN RUHM!

Nicht ganz ernstgemeinte Ratschläge an einen jungen Forscher von
DANIEL VISCHER

4. Auflage

Verlag der Fachvereine
Zürich

Schäffer-Poeschel Verlag
Stuttgart

Autor:

DANIEL VISCHER,
Prof. Dr., Dr. h.c., Direktor der Versuchsanstalt für Wasserbau,
Hydrologie und Glaziologie,
Eidgenössische Technische Hochschule ETH Zürich

Illustrationen:
CHRISTOPH GOPPELSROEDER,
Assistent beim Autor

Die Deutsche Bibliothek – CIP-Einheitsaufnahme

VISCHER, DANIEL:
Plane deinen Ruhm!: Nicht ganz ernstgemeinte Ratschläge an
einen jungen Forscher / von Daniel Vischer. [III. Christoph
Goppelsroeder]. – 4. Aufl. – Zürich: Verl. der Fachvereine;
Stuttgart: Poeschel, 1992
ISBN 3-7281-1885-0 (Verl. der Fachvereine)
ISBN 3-7910-0645-2 (Poeschel)

Dieses Werk einschließlich aller seiner Teile ist urheberrechtlich geschützt. Jede Verwertung außerhalb der engen Grenzen des Urheberrechtsgesetzes ist ohne Zustimmung der Verlage unzulässig und strafbar. Das gilt insbesondere für Vervielfältigungen, Übersetzungen, Mikroverfilmungen und die Einspeicherung und Verarbeitung in elektronischen Systemen.
4., durchgesehene Auflage 1992
© 1986 vdf Verlag der Fachvereine an den schweizerischen Hochschulen und Techniken Zürich und J. B. Metzlersche Verlagsbuchhandlung und Carl Ernst Poeschel Verlag GmbH in Stuttgart
Einbandgestaltung: Willy Löffelhardt, Stuttgart
Satz: Typobauer Filmsatz, Ostfildern
Druck: Gulde-Druck, Tübingen
Printed in Germany

 Der vdf dankt dem Schweizerischen Bankverein für die Unterstützung zur Verwirklichung seiner Verlagsziele

AUF ZUR AKADEMISCHEN MEDAILLENJAGD!

Ein halbbesinnliches Vorwort

JETZT IST ER DA, der langgesuchte Führer durch die Wirrnisse akademischer Auszeichnungen, das Handbuch, das jedem verkannten Top-Forscher – sofern es ihn gibt – mit Sicherheit dazu verhilft, sich in die Annalen der hehren Wissenschaft einzutragen.

Alle Unschicklichkeiten des akademischen Ehrungs-Comment werden da mit spitzer Feder aufgespießt, alle Fallstricke der hochschulinternen Hackordnungen säuberlich entwirrt und der reine Pfad der wissenschaftlichen Glorie erleuchtet.

Mit derartig scharfer Beobachtungsgabe geht hier der Autor, Prof. Dr. Daniel Vischer, Direktor der Versuchsanstalt für Wasserbau, Hydrologie und Glaziologie der Eidgenössischen Technischen Hochschule Zürich zu Werke, daß mir fast angst und bange wird ob der Zukunft. Ja, lieber Herr Vischer, wo führen Sie uns da hin?

Soll das gesamte akademische Auszeichnungssystem mit einem Federstrich weggewischt werden? Die ausgeklügelten Promovierungen, das über Jahrhunderte sorgsam entwickelte Beförderungs- und

Belohnungssystem unter den Wissenschaftlern ist durch Sie bedroht. Es hatte dem Eingeweihten, wenn auch etwas verklausuliert, Beurteilungen erlaubt und selbst dem in wissenschaftlichen Belangen weniger glücklichen Forscher auch noch einmal ein Häppchen Belohnung zukommen lassen. Zudem kostete es sehr wenig – abgesehen vom Preis für den Druck wohlformulierter Ehrenurkunden, Bankett, Streichquartett und Blumen – soll das nun alles verschwinden?

Wohl kaum. Für mich steckt hinter dieser von Daniel Vischer verfaßten Gewaltsglosse ein großes Stück Traurigkeit: Da wird sie deutlich, die Einsamkeit des Forschers innerhalb seiner wissenschaftlichen Gemeinschaft, sein einsamer Kampf mit dem von ihm beforschten Objekt. Seine Vorpostensituation im Bereich des Wissens wird da deutlich, sein Alleingängertum und der oft erfolglose Versuch Dritter, seinen Leistungen gerecht zu werden. Wo bleibt da die gerechte Belohnung? Das Vorantreiben des menschlichen Wissens, das tastende, oft von unzähligen Fehlschlägen belastete forschende Tun erhält kaum Lohn. Allzuoft werden Leistungen zu Lebzeiten des Forschers nicht mehr voll erkannt und gewürdigt. Das ameisenhafte Zusammentragen kleiner und kleinster Erkenntnisse und deren Bewertung, der Bienenfleiß über Jahrzehnte – wie soll das von der breiten Gesellschaft in Lohn umgemünzt werden? Da ist es der wissenschaftlichen Gemeinde nicht zu verargen, wenn sie im Wissen um all dies ihr eigenes Belohnungssystem entwickelt hat. Da sind keine olympischen Gold-, Silber- und Broncemedaillen möglich, da läßt sich nicht mit der Stoppuhr der Sechsundzwanzig-Hundertstel-Vorsprung des Siegers auf der Leuchttafel des Stadions und auf den Fernsehbildschirmen anzeigen – da sind meist Jahre, wenn nicht Jahrzehnte der Ausdauer und des Einfallreichtums zu bewerten, und das gilt heute nicht als attraktiv ...

Gleichwohl: Wissenschaftler haben ihre großen Verdienste, selbst wenn dies in der breiten Öffentlichkeit häufig vergessen wird. Drum, auf denn zur akademischen Medaillenjagd, auf zum Erringen akademischer Ehren. Daniel Vischer weist dazu – mit einem lachenden und einem weinenden Auge – den Weg.

Dr. Rolf Guggenbühl
(Presse und Information
ETH Zürich)

DEMENTI

Es stimmt nicht, daß der Verfasser hier aus der Schule plaudert. Denn an seiner Schule – es ist die Eidgenössische Technische Hochschule in Zürich – erwirbt man seinen Ruhm auf ganz andere Art, nämlich auf die echte. Deshalb denkt der Verfasser bei seinen Ausführungen keineswegs an irgendeinen Kollegen.

BRIEF AN HERRN DR. VALENTIN FÄRBER

Lieber Valentin!

DARF ICH DICH überhaupt noch Valentin nennen? Oder muß ich mich an einen Herrn Dr. Färber wenden? Ich weiß es nicht so recht. Denn ich sehe, daß Du seit Deiner Promotion ganz schön ins Klettern geraten bist. Offensichtlich strebst Du höchsten wissenschaftlichen Gipfeln zu. Glück auf!

Vielleicht hörst Du aber doch noch auf einen alten Freund. Mit Strebsamkeit allein wirst Du nämlich nie zum Erfolg kommen. Es braucht da noch einiges mehr, wie Du gleich sehen wirst: *eine integrale Ruhmesplanung!* Ich fasse meine Ratschläge in sechs Abschnitte zusammen:

Die Entdeckung

Die Verbreitung

Die Überhöhung

Berühmt werden

Unsterblichkeit erlangen

Pränatale Strategien

Daß ich Dir dabei mein Innerstes preisgebe, brauche ich nicht ausdrücklich zu sagen. Du kennst mich ja!

DIE ENTDECKUNG

DEINE RUHMESBAHN beginnst Du am besten mit einer Entdeckung. Das bedingt, daß Du Deinen Namen mit einer Neuerung in Zusammenhang bringst, die sich zweckdienlich auswerten läßt. Dafür stehen Dir verschiedene Möglichkeiten offen.

Die nächstliegende scheint jene zu sein, bei der Du selber etwas entdeckst. Doch ist das sehr zeitraubend und mühsam. Und viele gestandene Forscher werden Dir erklären, wie sie ihre Entdeckung erst nach beschwerlichem Suchen und zahlreichen Irrtümern gemacht haben. So sagt beispielsweise Michael Faraday: »Die Welt weiß wenig davon, wie viele der Gedanken und Theorien, die dem Forscher durch den Kopf gingen, in aller Stille und Verschwiegenheit an seiner eigenen Kritik und scharfen Prüfung zerbrachen: daß selbst in den erfolgreichsten Zeiten kein Zehntel der Eingebungen, Hoffnungen und Wünsche oder der vorläufigen Ergebnisse bestätigt worden ist.«

Bedenke zudem, daß das Entdeckenwollen ein riskantes Spiel ist. Meist arbeiten ja viele Institute am selben Problem, weil dieses gerade ›in der Luft‹ liegt. Wer garantiert Dir nun, daß ausgerechnet Dir in Deinem Institut der entscheidende Durchbruch gelingt? Angesichts der Vielzahl der beteiligten Forscher ist das doch äußerst unwahrscheinlich. Bleibe hinsichtlich Deiner Erwartungen deshalb nüchtern und beschränke Dich auf einen schlichten Beitrag zur Sache. Dann kannst Du dieses Wenige vielleicht geschickt darstellen beziehungsweise in Evidenz bringen.

Gelingt Dir das nicht, weil Du zuwenig geduldig oder kreativ bist, so wählst Du folgende Rochade: Du nimmst Dich der Entdeckung eines andern an und versuchst sie zu generalisieren. Das heißt, Du bemühst Dich, aus ihr ein allgemeines Prinzip zu extrahieren, das Du auf alles und jedes anwendest. Bei entsprechendem Erfolg beförderst Du den eigentlichen Entdecker nämlich in den zweiten Rang, während Du den ersten einnimmst. Denn der Entdecker besaß ja, wie jedermann leicht ersieht, nur eine bescheidene Teilerkenntnis, aber eben noch nicht Deine überlegene Gesamtschau. Dennoch wirst Du klugerweise den Entdecker und seine Forscherfreunde laut als Wegbereiter preisen – den Weg selber aber möglichst alleine beschreiten. Solltest Du um eine Beschreibung des Tatbestandes verlegen sein, hilft Dir vielleicht eine elegante Formulierung von Leonhard Euler: »So glanzvoll die über Flüssigkeiten gemachten Forschungsarbeiten auch sind, die wir den Herren Bernoulli, Clairaut und d'Alembert verdanken, so folgen sie doch derart natürlich aus unseren allgemeinen Formeln, daß man die Übereinstimmung zwischen den tiefen Gedanken jener Herren und der Einfachheit der Prinzipien, von denen ich meine zwei Gleichungen abgeleitet habe ..., nicht genügend bewundern kann«.

Doch auch eine Generalisierung verlangt eine gewisse Kreativität und Ausdauer. Fehlt Dir beides, so rate ich Dir zur seitlichen Arabeske: Bei dieser begibst Du Dich für einige Jahre in ein abseitiges Kulturgebiet, beispielsweise nach Charkassien, und sammelst dort ein paar Ideen. Wesentlich ist, daß diese ausgefallen oder veraltet und darum in Deiner Heimat unbekannt sind. Dann kehrst Du zurück und verbreitest die Ideen als Deine eigene Entdeckung – etwa als Ergebnisse Deine Meditationen in der charkassischen Steppe. Und Spaß beiseite, Du hast die Entdeckung ja auch tatsächlich selber gemacht, aber nicht ›per se‹, sondern eben in Charkassien – nur überläßt Du diesen Schluß Deinem Publikum, das ihn sicher nicht zieht.

Vielleicht ist Dir der Weg nach Charkassien zu beschwerlich. Dann besteht die Möglichkeit, näherliegende Entdeckungen zu valorisieren. Du erkennst bei einigem Suchen bestimmt einen Kollegen, der seine Forschungsergebnisse ungeschickt, das heißt zuwenig augenfällig darstellt. Dort setzt Du an, das heißt, Du redigierst die Ergebnisse sauber, streichst das Neue gebührend heraus, ermißt deren gesellschaftliche Bedeutung und so weiter und tust der Wissenschaft damit einen großen Dienst. Als Entgelt dafür unterschreibst Du als Alleinverfasser, ohne Hinweis auf den Kollegen. Denn dieser hat verdeckt, was entdeckt gehört — und *Ver*deckung und *Ent*deckung sind nun einmal entscheidende Gegensätze. In anderen Worten: Ohne Dein verdienstliches Eingreifen wären die Forschungsergebnisse in der Schublade des Kollegen vermodert.

Allerdings gehst Du bei dieser Methode ein gewisses Risiko ein. Der Kollege kann nämlich hinterher — und das nicht zuletzt dank Deiner Verwertungsbemühungen — den Wert seiner eigenen Entdeckung entdecken und Krach schlagen. Dabei wirst Du unversehens mit häßlichen Worten bedacht, wie Diebstahl geistigen Eigentums, wissenschaftliche Hochstapelei oder *Plagiarismus*. Und wehe Dir, wenn Du einmal damit gebrandmarkt bist. Dann nützen Dir auch hundert eigene echte Entdeckungen im Schweiße Deines Angesichts nichts, und Du mußt abtreten — von der Bühne der Wissenschaft. Es ist somit unerläßlich, daß Du zwischen Dich und Deinen Kollegen einen dichten Rauchschleier legst. Der Zusammenhang mit seinen Gedanken muß vollkommen verwischt werden. Dies erreichst Du, indem Du alles, was Du von ihm hast, konsequent umformst und anders darstellst. Handelt es sich beispielsweise um eine Gleichung, so schreibst Du sie in einer andern Notation an und beziehst sie auf eine abgewandelte Abbildung. Hat der Kollege die deduktive Beweisführung gewählt, versuchst Du es mit der induktiven und so weiter. Und schließlich fügst Du Deiner ersten einschlägigen Publikation ein Literaturverzeichnis an, in welchem Du zahlreiche berühmte Forscher anführst, außer natürlich dem bestohlenen.

Bei widrigen Winden kann sich ein solcher Rauchschleier bisweilen verdünnen. Deshalb empfehle ich Dir als zusätzliche Absicherung noch die Rückdatierung. Du bewegst Deinen Verleger also, eine Deiner einschlägigen Publikationen mit einem früheren Erscheinungsdatum zu versehen. Selbstverständlich wählst Du ein Datum, das vor der ersten Publikation Deines Kollegen liegt — oder noch besser, vor dessen Geburt, Entwöhnung, Kindergartenzeit und so weiter. Monographien sind dafür meist besser geeignet als Zeitschriftenaufsätze. Als Vorbild und Warnung zugleich diene Dir Johannes I. Bernoulli. Er gab 1742 in Lausanne sein Buch ›Hydraulica‹ mit dem Datum 1732 heraus. Dank dieser Rückdatierung um 10 Jahre kam er scheinbar seinem Sohn Daniel Bernoulli zuvor, der 1733 der Petersburger Akademie das Manuskript zu seinem Buch ›Hydrodynamica‹ eingereicht und 1738 eine verbesserte Version in Straßburg herausgebracht hatte. Allerdings war der Streich zu offensichtlich und wurde ruchbar. Daniel beklagte sich denn auch heftig darüber und schrieb in einem Brief an Leonhard Euler: »Meiner gesamten ›Hydrodynamica‹, von der ich in der Tat kein Jota meinem Vater verdanke, werde ich plötzlich vollständig beraubt und verliere so in einem Augenblick die Früchte einer zehnjährigen Arbeit. Alle Propositionen sind meiner

Der Doppeldecker entdeckt und verdeckt, das heißt, er entdeckt die noch unbekannte Erfindung eines Kollegen, dessen Verdienste er dann geschickt und nachhaltig verdeckt.

›Hydrodynamica‹ entnommen. (…) Zuerst war es mit schier unerträglich; doch habe ich es schließlich resigniert eingesteckt; aber ich habe auch eine Abneigung und einen Widerwillen gegen meine früheren Studien entwickelt, so weit, daß ich besser Schuster als Mathematiker geworden wäre.« Tatsächlich hat Daniel in der Folge keine hydrodynamische Forschung mehr betrieben. Seinem Vater haftet aber seitdem das Odium eines Plagiators an, obschon seine Entdeckungen jene seines Sohnes teilweise weit übertreffen.

Vielleicht ist eine allzu simple Rückdatierung doch etwas gefährlich. Auch geben sich immer weniger Verleger dazu her. Sie denken ja nur in kommerziellen Bahnen und wollen eher vor- als rückdatieren. Glücklicherweise gibt es aber eine subtilere Möglichkeit der Rückdatierung, die kaum entlarvt werden kann. Es handelt sich um jene bewährten Fußnoten, die man unschuldig in seine Publikation einstreut:

- »Die vorliegenden Ausführungen basieren im wesentlichen auf meinem vor 5 Jahren in Abakan gehaltenen Vortrag.«

- »Diese Idee habe ich in meinen Briefen an den berühmten (aber leider vor 5 Jahren verstorbenen) Professor Q näher ausgeführt.«

- »Zu diesem Problem äußerte ich mich zum

erstenmal vor 5 Jahren in den ›Acta Charkassiae‹ (in charkassisch).«

Auf diese Weise wird jedem klar, daß Du das, was Dein Kollege eventuell als eigene Entdeckung beanspruchen könnte, schon Jahre zuvor antizipiert hast.

DIE VERBREITUNG

IST ES DIR GELUNGEN, Dich mit einer Entdeckung zu identifizieren, mußt Du sie gezielt bekanntmachen. Wenn Du sie nämlich bloß in Deinem Notizbuch vermerkst, wie Leonardo da Vinci seinerzeit, wirst Du bestimmt in der Anonymität versinken. Denn mit dem unwahrscheinlichen Glück, daß Deine Notizen wie bei Leonardo nach mehr als hundert Jahren wieder gefunden, mühsam entziffert und gepriesen werden, kannst Du nicht rechnen. Leonardo verdankt dieses Glück ja vor allem seiner herausragenden Zeichenkunst, und wenn Du diese nicht auch beherrschst...

Kurz – Du stellst Dein Licht also nicht unter den Scheffel, sondern darauf, und sorgst erst noch dafür, daß der Scheffel weitherum sichtbar wird. Dies tust Du, indem Du Vorträge hältst, Kongressbeiträge einreichst, Artikel und Bücher schreibst und so weiter – natürlich immer unter Bezugnahme auf Deine Entdeckung. Merke: »Wer immer das gleiche wiederholt, überzeugt schließlich!« Du darfst deshalb nicht ruhen noch rasten, bis Deine Weisheit gleichsam wie ein Schlager um die Welt geht.

Leider verlangen einige etablierte Verleger – von ihren niederen Beweggründen war schon die Rede – sogenannte Originalarbeiten. Damit wollen sie die mehrfache Veröffentlichung ein- und desselben Artikels ausschließen. Das steht natürlich Deinem Bedürfnis nach häufiger Wiederholung entgegen. Diese Hürde läßt sich jedoch leicht nehmen beziehungsweise umgehen, indem Du zwar immer dasselbe schreibst, aber jedesmal mit andern Titeln und Untertiteln versiehst. Gewiegte Wiederkäuer permutieren einfach die Schlüsselworte in den Überschriften und verändern vielleicht noch einige Textabbildungen samt Legenden. Nehmen wir einmal an, Deine Entdeckung betreffe eine ›turbulente Strömung in einer elastoplastischen Matrix‹. Dann bedienst Du die Fachpresse wie folgt:

>   Artikel 1: *Turbulente Zirkulation in elastoplastischer Matrix*
>
>   Artikel 2: *Zirkulation in elastoplastischer Matrix bei Turbulenz*
>
>   Artikel 3: *Elastoplastische Matrix bei turbulenter Zirkulation*
>
>   Artikel 4: (sinngemäß)

Weitere Variationsmöglichkeiten bietet Dir ein
Übergang von der Aussage zur Frage:

Artikel 5: *Wie turbulent zirkuliert es in einer
elastoplastischen Matrix?*

Artikel 6: *Wie elastoplastisch ist eine Matrix
bei turbulenter Zirkulation?*

Hast Du diese Artikel in Deutsch eingereicht, so
publizierst Du haarscharf dasselbe nochmals in
Französisch und Englisch und allenfalls in weiteren
Sprachen. Das zeitigt einen netten Multiplikations-
effekt! Versäume es nicht, diese Deine zahlreichen
Publikationen jeweils im Literaturverzeichnis vollständig anzuführen und im Text darauf Bezug zu
nehmen. Der Leser ist nämlich sehr beeindruckt,
wenn er in jedem Abschnitt Sätze folgender Prä-
gung findet: »Wie schon aus Färber (1981) hervor-
geht und in Färber (1984 I) und Färber (1984 II)
bestätigt wird, gilt für die elastoplastische Matrix
›bla bla bla‹, was eine überraschend fruchtbare Diskussion von Färber (1979) erlaubt.«

Es ist richtig, wenn Du für die Verbreitung Deiner Entdeckung zunächst jenes Forum benützst, das
Dir die Fachwelt zur Verfügung stellt: den Kongreß-
saal, die Fachvereinigung, das wissenschaftliche
Buch und so weiter. Doch wirst Du bald auch ein
anderes Forum betreten lernen, nämlich jenes der
Öffentlichkeit: Presse, Radio und Fernsehen. Das

Ein Lied geht um die Welt! Du darfst nicht ruhen noch rasten, bis Deine Entdeckung in aller Leute Mund ist.

verlangt insofern eine Umstellung von Dir, als Du dort Deine Erklärungen stark vereinfachen mußt, statt sie zu komplizieren. In andern Worten: Du mußt dort populärwissenschaftlich werden. Das ist gar nicht so leicht, weshalb ich Dir eine kleine Vorbereitung empfehle: Du besprichst Deine Entdeckung mit einer erfahrenen Kindergärtnerin und legst mit ihr einen Wortschatz von bildhaften Ausdrücken an; beispielsweise so:

turbulent	= ungeregelt, stürmisch, lausbübisch
Zirkulation	= Rundlauf, Ringelreih, Kreiselspiel
elastoplastische Matrix	= Schwamm, Morchel, Weichkäse

Wirst Du dann eines Tages unverhofft in einen Fernseh-Spot verwickelt, so brauchst Du nicht unbeholfen zu stottern. Du sagst am Bildschirm zuerst, daß Du Dich mit ›turbulenter Zirkulation in elastoplastischer Matrix‹ befaßt. Das wird natürlich niemand verstehen, insbesondere der Moderator nicht. Deshalb erklärst Du anschließend, daß es sich dabei um eine Art von ›ungeregeltem Ringelreih in Morcheln‹ oder ›stürmischem Kreiselspiel in Weichkäse‹ handle. Das wird zwar auch niemand verstehen, aber es werden doch Assoziationen geweckt, die das

Publikum in Spannung versetzen. Dementsprechend kannst Du Dich weiter produzieren und Dein Anliegen fördern.

Um beim verwöhnten Fernsehpublikum vollends anzukommen, braucht es allerdings mehr als nur einen volksnahen Wortschatz. Darum rate ich Dir zum Besuch des Kurses ›Wie wird man telegen?‹. Dort wird man Dir beibringen, daß Du nicht nur schlichte Worte aus dem Alltag verwenden darfst, sondern immer wieder einige graeco-lateinische und anglizistische Ausdrücke einstreuen mußt — selbstverständlich mit entsprechender Gestik und gescheitem Augenblinzeln. Denn das gehört nun einmal zum Bild eines Forschers. Ferner wirst Du dort darüber aufgeklärt, wie sich ein wissenschaftlicher Fernsehstar anzieht — ob und wie er sich kämmt, ob und was für einen Schlips er trägt und so weiter. Du bist ja schließlich noch nicht so weit, daß Du Dich wie Albert Einstein mit langer Mähne und zerrissenem Pullover zeigen und auch noch die Zunge herausstrecken darfst. Zuletzt führt man Dich in diesem Kurs noch in die Kunst des Schminkens ein; sie ist unerläßlich, wenn Du neben einer hübschen Fernsehansagerin nicht abfallen beziehungsweise bleich und abgehärmt aussehen willst.

Was Du für das Fernsehen gelernt hast, dient Dir selbstverständlich auch, um Deine Ideen direkt ins Volk hinauszutragen. Den Weg zu diesem findest Du, indem Du die Einladungen annimmst, die Dich jeweils nach Deinen Fernsehauftritten erreichen. Sie stammen meist von Vereinen, die demnächst ihre Jahresversammlung abhalten und diese mit einem Vortrag bereichern wollen. Dabei verlangen sie vom Vortragenden an sich nichts anderes, als daß er ihre müden Vereinsmitglieder an die Jahresversammlung lockt und dort den Übergang von den statutarischen Geschäften zum gemütlichen Teil mit ein paar geistreichen Bemerkungen erleichtert. Das macht aber nichts. Du nutzt dieses Verhaltensmuster landläufiger Vereinsmeierei aus, gehst hin und verbreitest unbekümmert Deine Entdeckung, bis der Hinterste und Letzte davon überzeugt ist. Damit betreibst Du im wahrsten Sinne des Wortes Wissenstransfer zur Basis und bist modern. Die Zeiten der Wissenschaftsaristokratie sind nun einmal vorbei, und es gilt nicht mehr als unfein, seine Forschungsergebnisse vor Pfadfindern, Vogelschützern, Landfrauen, Radfahrern und so weiter auszubreiten.

Vielleicht ist es nützlich, wenn ich Dich hier noch vor zwei Sackgassen warne. Die eine besteht darin, daß Du Deine Entdeckung den Militärs vorträgst und damit Erfolg hast. Denn dann droht Dir die sogenannte Klassifikation. Dieses an sich harmlose Wort bedeutet, daß Deine Entdeckung nurmehr einer eng begrenzten Klasse von Militärs zugänglich gemacht wird sowie den Spionen. Dir selber aber wird sie entzogen und Deine Ehre abgeschnitten. Wieviele ausgezeichnete Forscher sind doch wegen dieser Klassifikation unbekannt und ungeehrt geblieben! Ausnahmen wie Robert Oppenheimer, der

›Vater der Atombombe‹, bestätigen nur die Regel und sind nicht unbedingt nachahmenswert.

Die andere Sackgasse betrittst Du, wenn Du Deine Entdeckung vorschnell kommerziell auswerten willst und Patentschutz anstrebst. Die mit der Patentierung verbundenen bürokratischen Querelen stehen einer hemmungslosen Verbreitung Deiner Ideen nämlich grundsätzlich entgegen. Auch lädt ein Patent zwangsläufig zu seiner Umgehung ein und mobilisiert damit Kräfte, denen Du möglicherweise nicht gewachsen bist. Ich denke dabei unter anderem an das um jedes Patentamt streichende Rudel von Patentanwälten.

DIE ÜBERHÖHUNG

ES GENÜGT NICHT, Deine Entdeckung zu verbreiten. Du mußt auch für ihre Überhöhung sorgen. Das heißt, Du mußt ihre Bedeutung mehr und mehr in einen höheren Zusammenhang stellen.

Ein diesbezüglich bewährter Schritt besteht darin, bald einmal einen Kongreß zu organisieren, der sich ausschließlich mit dem Umfeld Deiner Entdeckung befaßt. Scheue Dich nicht davor, die Sache von Anfang an groß aufzuziehen. Nenne Deinen Kongreß schlicht:

*First World Congress on Turbulence in
Elastoplastic Media*

Dabei brauchst Du Dich überhaupt nicht darum zu kümmern, ob es je einen ›Second World Congress‹ geben wird und wer diesen durchführen könnte. Wichtig ist nur, daß ein einschlägiger internationaler Kongreß stattfindet, bei dem Du nicht nur die erste Geige spielst, sondern auch noch Dirigent bist. In anderen Worten: An diesem Kongreß hältst Du den Einführungsvortrag, leitest die Diskussion und sprichst das Schlußwort. Dazwischen läßt Du eine Reihe von Referenten auftreten, die Dir entweder wohlgesinnt oder von Dir abhängig sind. Ihre Aufgabe ist verhältnismäßig einfach: Sie müssen alle einen ›Und-Vortrag‹ halten, nämlich Variationen über Dein Thema vortragen, beispielsweise:

– XY *und* die Krebsforschung

– XY *und* das Waldsterben

– XY *und* die Familienplanung

– XY *und* die Verschuldung der Drittländer

und so weiter.

In Deinem Fall bedeutet XY, wie erinnerlich, die ›turbulente Zirkulation in elastoplastischer Matrix‹.

Im Rahmen des gleichen Kongresses hältst Du auch eine Pressekonferenz ab. Dort erklärst Du den sensationshungrigen Medienvertretern ohne zu erröten, daß Deine Entdeckung für das Überleben der

Menschheit von allergrößter Bedeutung sei. Als Beweis führst Du jene Problematik an, die in diesem Zeitpunkt gerade von Presse, Radio und Fernsehen hochgespielt wird. Ist es beispielsweise die Borkenkäferplage, so entwickelst Du in groben Zügen eine Strategie der biologischen Schädlingsbekämpfung mittels ›turbulenter Zirkulation‹, insbesondere ›in elastoplastischer Matrix‹. Vergiß dabei nicht, den Reportern neben einer publikumswirksamen Pressenotiz mit Bildern auch einen sogenannten kleinen Imbiß – am besten Lachs- und Kaviarbrötchen mit paßenden Spirituosen – zu servieren. Knausrigkeit ist da fehl am Platz!

Siegesgewisse Entdecker gehen noch einen Schritt weiter: Sie schließen einen Vertrag mit einer agilen Werbeagentur ab, die still, aber wirksam die Public Relations herstellt und pflegt. Was sie dort investieren, erhalten sie in Form von Forschungsgeldern hundertfach wieder zurück, insbesondere wenn diese Gelder in nationalen und damit von der ›vox populi‹ beeinflußbaren Kassen liegen.

Paß aber auf, daß Du Dich nicht zu sehr in den Vordergrund drängst. Übernimm Dich nicht! Denn Du könntest in Deiner Strebsamkeit die Eifersucht der Etablierten wecken und entsprechende Abwehrreaktionen auslösen. Es sind Fälle bekannt, wo sich selbst jahrelang verfeindete Etablierte zusammengefunden haben, um einen jungen, erfolgreichen, aber unbotmäßigen Forscher zu vernichten. Gerade in der Wissenschaft ist Eifersucht ja eine der stärk-

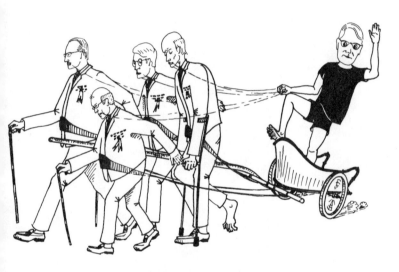

Vorsicht im Umgang mit den Leitfossilien der Wissenschaft! Es sind Fälle bekannt, wo sich selbst jahrelang verfeindete Professoren zusammengefunden haben, um einen jungen unbotmäßigen Forscher zu vernichten.

sten und nachhaltigsten Triebfedern. Und wehe, wenn sie losgelassen!

Die Prophylaxe besteht darin, daß Du Dich vor diesen Etablierten andauernd verbeugst. So zitierst Du sie in all Deinen Publikationen ehrerbietig, ganz gleich in welchem Zusammenhang. Auch widmest Du ihnen Deine Habilitationsschrift und läßt sie das Vorwort zu Deinen Büchern schreiben. Dann nimmst Du sie in das Patronatskomitee Deines Weltkongresses auf, womit Du Dich weithin sichtbar unter ihre Schirmherrschaft stellst. Selbstverständlich weist Du ihnen in der vordersten Sitzreihe Gratisplätze an und begrüßt sie in Deinem Einführungsvortrag namentlich. Dabei ist Vollständigkeit ebenso wichtig wie Sorgfalt; läßt Du nämlich nur einen einzigen Namen aus, oder versprichst Dich bei einem akademischen Titel, so hast Du Dir den Betroffenen auf ewig zum Feind gemacht. Einige ältere und damit besonders etablierte Etablierte – ich meine jene, die in ihrem Fachgebiet allgemein als Leitfossilien gelten – regst Du zu besonderen Interventionen an: zwei bis drei dürfen den Kongreß eröffnen, sechs am Aperitif einen Toast anbringen, vier beim Bankett eine Rede halten, einer die Polonaise anführen und so weiter. Am Schluß läßt Du alle mit ihrem Weinglas und ihrer Frau antreten und hältst sie auf einer Gruppenfotografie fest, die Du allen Fachzeitschriften zur Verfügung stellst. Es ist erstaunlich, welchen Goodwill solche kleinen Aufmerksamkeiten schaffen!

Nach dem Kongreß gibst Du die gesammelten Referate und Diskussionsbeiträge in einem gediegenen Buchband heraus, dessen Titelseite nur Deinen Namen sowie Deine Entdeckung in Großbuchstaben anführt, während alles andere kleingedruckt erscheint. Das erleichtert den Bibliothekaren die Einreihung und stellt den Bezug zu Dir auf Zeit und Ewigkeit her. Als Verlag wählst Du natürlich einen solchen, der in Deinem Fachgebiet weltweit aktiv ist. Damit er Dich nicht abweist beziehungsweise sicher mitmacht, versprichst Du ihm vertraglich die Übernahme der halben Auflage. Zur Finanzierung derselben verwendest Du in erster Linie die Kongreßbeiträge sowie allfällige Spenden verblendeter Firmen. Falls das nicht ausreicht, führst Du eine Reihe von Fortbildungskursen durch, bei denen Du das Buch als Skript bezeichnest, das von jedem Teilnehmer zwangsläufig erworben werden muß. Dieses Amortisationsverfahren ist beliebt und hat sich schon mehrfach bewährt.

Die Überhöhung Deiner Entdeckung zwingt Dich auch zu einer Überprüfung Deines Namens. Hast Du bisher Valentin Färber geheißen, nennst Du Dich zukünftig Valentin F.J. Faerber. Die Vermehrung der Vornamen bringt Dich auf die gleiche Stufe wie die Amerikaner, die Weglassung des Umlautes in Deinem Geschlechtsnamen verleiht Dir Internationalität! Mit andern Worten: Du tust den Schritt vom Unsäglichen zum Sagbaren. Deine neue Visitenkarte lautet also:

> **VALENTIN**
> **F.J. FAERBER**
>
> Dipl. Ing. THI, Dr. sc.techn.
> PD für Turbulenz,
> A.B.C.D.

Die Buchstaben A. B. C. D. stehen für die vielen unverständlichen Kürzel, die den Mann von Welt kennzeichnen.

BERÜHMT WERDEN

DURCH DIE BISHER ERWÄHNTEN Maßnahmen wirst Du zwar bekannt, aber noch nicht berühmt. Denn Bekanntheit ist etwas Rationales, während Ruhm im Irrationalen wurzelt. Laß deshalb außer Deinem Verstand noch Dein Herz sprechen!

Zunächst entdeckst Du ein Herz für den berühmtesten Deiner Professoren. Du tust Dich mit einigen seiner ehrgeizigsten Schüler zusammen und stimmst mit ihnen einen anhaltenden Lobgesang an. Die Idee ist folgende: Je höher Du den Professor hochjubelst, um so angesehener werden seine Schüler und damit Du und Deinesgleichen. Es handelt sich um den sogenannten Balloneffekt: Der Professor ist gleichsam der Ballon, der von Dir aufgeblasen wird, auf daß er von der Erde abhebe und Dich mitnehme.

Deshalb benützt Du jeden runden Geburtstag des alternden Professors, um ein Symposium zu veranstalten und ein Sonderheft in einer Fachzeitschrift zu veranlassen. Entsprechend belieferst Du auch die gehobeneren Tageszeitungen des In- und Auslandes mit Lobhudelei. Selbstverständlich zeichnest Du dabei stets mit Deinem vollen Namen und erwähnst immer wieder die außerordentliche pädagogische Ader des Geehrten – was eben erklärt, daß er einige außerordentlich begabte Schüler hervorgebracht hat, von denen Du der vornehmste bist. Denselben Schluß ziehst Du in seinem Nekrolog, den Du für alle Fälle frühzeitig und umfassend vorbereitest.

Über den Geburtstagen des Professors vergißt Du jedoch Deine eigenen nicht. Denn Du wendest Dein Herz auch Deinen Freunden zu und feierst mit ihnen beispielsweise den vierzigsten, fünfundvierzigsten, fünfzigsten und so weiter Jahrestag Deiner Menschwerdung. Diese Deine Freunde müssen natürlich lauter bereits berühmte Leute sein – und nicht etwa irgendwelche Kumpels. Allerdings machen sich berühmte Leute, die von unberühmten angegangen werden, bisweilen rar. Daher lädst Du sie nach der bekannten Hochstapler-Technik ein, das heißt, Du schreibst der Koryphäe N, die Koryphäe M werde auf jeden Fall unter den Gästen weilen und eine kleine Tischrede halten – und umgekehrt. Das wirkt unfehlbar, und es kommen so viele Koryphäen

Der Balloneffekt! Wenn es Dir gelingt, Deinen alten Professor so aufzublasen, daß er abhebt und Dich mitnimmt, steigst Du leichter.

zu Dir, wie Du nur wünschst. Alles wird klar: Nur Große sind Deine Freunde, weil Du selber groß bist! – Ganz nebenbei bestellst Du noch einen Journalisten, der Deine rauschende Party in Wort und Bild festhält und in geeigneter Form publik macht.

Unterstützt von Deinem Freundeskreis wirst Du nun bei einigen exklusiven wissenschaftlichen Gremien des Auslandes vorstellig. Das heißt, Du läßt sie über einige Mittelsmänner wissen – Telefon oder Telex genügen – daß Du nunmehr unübersehbar geworden bist und eine kleine Aufmerksamkeit verdienst. Am einfachsten ist Deine Ernennung zum ›Korrespondierenden Mitglied‹, weil sie überhaupt nichts kostet. Doch erlaubt sie Dir – sofern Du Deiner Hochschulzeitung und der Tagespresse folgende Notiz zuspielst – eine entzückende kleine Pirouette:

EHRUNG
»Soeben wurde Valentin F.J. Faerber, dipl. Dr. A.B.C.D., von der charkassischen Akademie der Wissenschaften zu ihrem Korrespondierenden Mitglied ernannt. Er ist der erste Wissenschaftler, dem diese hohe Ehre zuteil wird. Wir gratulieren!«

Oder noch einprägsamer formuliert:

»Er ist der zweite Wissenschaftler, dem diese hohe Ehre zuteil wird. Der erste war Albert Einstein!«

Nach dieser Pirouette setzst Du erst recht zu einem Kürlauf an. Als korrespondierendes Mitglied von ein bis zwei Dutzend Gremien fällt es Dir nicht schwer, Dich an Stiftungen heranzumachen, die irgendwelche Preise verteilen. Du informierst Dich über ihre Rivalitäten – jede möchte auffallen, jede will einen glänzenden Preisträger – und spielst sie mit Deinem Charme gegeneinander aus. Dem Präsidenten des Stiftungsrates A schreibst Du beispielsweise:

PERSÖNLICH

»Sehr geehrter Herr Stiftungspräsident,

Darf ich mich in einer rein persönlichen und heiklen Angelegenheit an Sie wenden?

Ich habe auf Umwegen zufällig erfahren, daß ich für den Preis der Stiftung B im Gespräch bin. Dies ist mir außerordentlich peinlich, da ich einen Preis ihrer illustren Stiftung A bei weitem vorziehen würde.

Sehen Sie für mich einen Ausweg?

Indem ich auf Ihre Weisheit vertraue, verbleibe ich

Ihr ergebener Valentin F.J. Faerber

PS: Rektor F hat mich soeben bei den Stiftungen C und D in Vorschlag gebracht. Ich bin nun wirklich in der Klemme. Doch tagen die

*entsprechenden Stiftungsräte glücklicherweise
nach Ihrem (!)«*

Dieses Briefmuster soll Dich nicht dazu verleiten, einen ganz bestimmten Preis ergattern zu wollen. Wichtig ist bloß der Preis an und für sich sowie die damit verbundene Ehrung. Es ist dem Publikum nämlich einerlei, ob Du den Meier-Meier-Preis, den Dolittle-Orden oder die Marquis du Cafard-Medaille erhältst. Es kennt keine einzige dieser Auszeichnungen und verfällt ohnehin bei jeder Preisverleihung in gläubiges Staunen. Im allgemeinen wird die Stiftung dafür sorgen, daß Du und Dein Preis sowie die Stiftung selber in aller Leute Mund gebracht werden. Du lieferst dazu nur die notwendigen biographischen Unterlagen und eine ergänzende Versandliste. Eine passende Pressemitteilung könnte etwa so lauten:

EHRUNG

»An seiner gestrigen Sitzung hat der Stiftungsrat der Meier-Meier-Stiftung beschlossen, den diesjährigen Meier-Meier-Preis Herrn Valentin F.J. Faerber, dipl. Dr. A.B.C.D., Korrespondierendes Mitglied CHAW, zu verleihen. Die Stiftung wurde seinerzeit von Professor Meier-Meier ins Leben gerufen, um den jeweils führenden Wissenschaftler im Gebiet der ... (einige Fremdwörter) auszuzeichnen. Die Wahl fiel auf Valentin Faerber, weil

*seine Arbeiten über die turbulente Zirkulation
in elastoplastischer Matrix einen wesentlichen
Beitrag zur... (weitere Fremdwörter) darstellen
und als Durchbruch in der Erforschung der lebenswichtigen... (nochmals Fremdwörter) zu
werten sind. Herr Valentin Faerber stammt aus
dem Oberen Emmental, wo er als aufgewecktes
Kind einer armen Bergbauernfamilie aufwuchs,
... um sich seit seiner Rückkehr von einem längeren Studienaufenthalt in den Vereinigten
Staaten, in Japan und in Charkassien ganz der
Forschung zu weihen.
Die Preisverleihung fand heute morgen im
Beisein der Spitzen von Politik und Wirtschaft
statt. Der Präsident des Stiftungsrates strich
dabei die Erfolge der von ihm und seiner Stiftung betriebenen Wissenschaftspolitik heraus.«*

Falls der Preis mit einer Geldsumme verbunden ist, übermachst Du diese großmütig dem Fonds für unbemittelte Studenten Deiner Fakultät. Das verstärkt den Widerhall Deiner Ehrung beträchtlich, sofern Du die Presse zeitgerecht informierst:

*»Kurz vor Redaktionsschluß erreicht uns noch
die Nachricht, daß Valentin Faerber die Preissumme dem Fonds für unbemittelte Studenten
überwiesen hat. Der Studentenrat wertet dies,
wie er uns auf Anfrage mitteilt, als bedeutsames Zeichen standesübergreifender Solidarität.«*

Parallel zu Deiner Korrespondenz mit preisträchtigen Stiftungen intensivierst Du Deine Beziehungen zu Hochschulen, die eine Ehrenpromotion vornehmen können. Paß auf! In den USA verleihen beispielsweise die bekannten Technischen Hochschulen CALTEC (California Institute of Technology) und M.I.T. (Massachusetts Institute of Technology) keinen Ehrendoktortitel. Triff Deine Auswahl also sorgfältig. Auch sonst gilt es behutsam vorzugehen. Denn nun hast Du es nicht mehr mit gönnerhaften Stiftungsräten zu tun, sondern mit eifersüchtigen Kollegen. Kehre deshalb Deine zwei besten Eigenschaften heraus: Bravheit und Demut.

Mit Deiner Bravheit überzeugst Du die Kollegen von Deiner völligen Harmlosigkeit. Gelingt Dir das nicht umfassend – und fühlt sich auch nur ein einziger Kollege irgendwie von Dir bedroht – hoffst Du vergeblich auf eine Ehrenpromotion. Ja, eine Mauer peinlichen Schweigens wird Dich umgeben. Als Bedrohung gelten in diesem Zusammenhang etwa Deine erfolgreichen Expertisen, Deine Ambitionen in internationalen Gremien, Deine abweichende Meinung in wissenschaftlichen Fragen, Deine andersgeartete politische oder religiöse Überzeugung und so weiter.

Dank Deiner Demut erlangst Du in den Augen der Kollegen die erforderliche Würde. Und Demut bedeutet da vor allem, daß Du diese Kollegen immer wieder mit Lob überschüttest – nach dem Prinzip: »Wer Ehre sät, wird Ehre ernten!« Es gibt tausend

Methoden, um das zu tun. Direkt zum Ziel führt unter anderem folgender Weg: Du sorgst dafür, daß einer der Kollegen selber den Doktorhut erhält – und zwar an Deiner Hochschule. Dabei tust Du ihm unmißverständlich kund, daß Du und nur Du allein die Sache eingefädelt hast. Dann wirst Du im Gegenzug sofort bedient. Allerdings ist dieser Weg heute etwas in Verruf geraten; man bezeichnet die auf ihm wandelnden Wissenschaftler oft als Ping-Pong-Doktoren. Ich rate Dir deshalb, das Tauschgeschäft nicht bilateral, sondern multilateral abzuwickeln. Das heißt im allereinfachsten Fall folgendes: An Deiner Hochschule A bringst Du einen Kollegen der Hochschule B zur Geltung, der sich dafür einem Kollegen der Hochschule C erkenntlich zeigt, der sich seinerseits Dir zuwendet. Wie Du siehst, handelt es sich um eine simple Dreiecksbeziehung ABC. Wenn Du die Sache aber noch mehr tarnen willst, wendest Du sinngemäß eine Vier-, Fünf- oder Sechsecksbeziehung an.

Einschlägige Beziehungen höherer als sechster Ordnung sind nur den ganz großen Meistern vorbehalten und führen direkt zum Nobelpreis. Denn wer mehr als sechs Kollegen zu koordiniertem Eigenlob verhalten kann, verfügt geradezu über magische Kräfte. Um ihn erstrahlt bald jene Aura, die den nobelpreisverdächtigen Wissenschaftlern so eigen ist, und die den Preis unweigerlich anzieht. Die Frage, ob solche Wissenschaftler mit dem Nobelpreis geehrt werden, weil sie wirklich herausragend sind, oder ob sie herausragen, weil sie preisgekrönt werden, ist ebenso irrelevant wie die Prioritätsfrage zwischen Huhn und Ei. Beides bedingt sich wechselseitig.

Hast Du übrigens einmal einen ersten Ehrendoktortitel ergattert, wirst Du mit Leichtigkeit noch weitere beibringen. Um das zu verstehen, brauchst Du Dich nur in jene Hochschulbehörde hineinzufühlen, die eine Ehrenpromotion verfügen muß. Sie tut sich viel leichter, wenn sie ein bereits beschriebenes Blatt vor sich hat. Und ›Blatt‹ meint in diesem Zusammenhang beispielsweise eine Visitenkarte folgenden Inhalts:

**VALENTIN
F. J. FAERBER**

Dipl. Ing. THI, Dr. sc. techn.,
Dr. sc. techn. h. c., Dr. Ing. e. h.,
Senator E. h., Dr. med. h. c.,
Träger des Meier-Meier-Preises,
Korrespondierendes Mitglied
CHAW und A.B.C.D.

UNSTERBLICHKEIT ERLANGEN

DU KANNST UND DARFST Dich nicht darauf verlassen, daß Dich Dein Ruhm überdauert. Deshalb mußt Du schon bald einige Maßnahmen ergreifen, die posthum wirksam werden.

Zu den Routinemaßnahmen gehört die Organisation Deiner eigenen Nekrologe. Zunächst hinterlegst Du bei Deiner Sekretärin möglichst viel biographisches Material, wie Deinen Lebenslauf, Deine Vortrags- und Publikationslisten, das Verzeichnis Deiner Mitgliedschaften und Ehrungen samt Fotoporträts von Dir in verschiedenen Lebensabschnitten und in je zwölf Kopien. Dies ist im Grunde genommen eine reine Anstandspflicht; denn Deine Sekretärin soll im Falle Deines plötzlichen Ablebens nicht mit fruchtlosen Nachforschungen über Dich aufgehalten werden. Sie muß Kopf und Hände frei haben, um ganz allgemein Deinen Abgang würdig zu gestalten. So muß sie beispielsweise dafür sorgen, daß möglichst viele Todesanzeigen gedruckt werden. Denn nur jener, der es in einer gehobenen Tageszeitung auf mehr als zehn solcher Anzeigen bringt, darf auf Widerhall hoffen.

In Deinem Testament hältst Du dann fest, wem Deine Sekretärin das biographische Material herausgeben darf. Denke dabei an drei bis vier Busenfreunde, die ebenso angesehen wie Dir treu ergeben sind. Sie sollen die Grabrede halten, die Massenmedien bedienen, die Fachzeitschriften füllen und so weiter. Damit sie ihre Äusserungen mit einer persönlichen Note bereichern können, lieferst Du Ihnen noch bei Lebzeiten etwas Hintergrundinformation. Das heißt, Du enthüllst Ihnen bei Gelegenheit einmal Dein besseres Ich mit seinen stets lauteren Absichten – etwa in Form eines Geständnisses nach Sonnenuntergang. In Deinem Testament scheidest Du selbstverständlich auch die nötige Summe aus, damit Deine Nekrologe in einem nett aufgemachten Sammelbändchen gedruckt und weit gestreut werden können.

Nun weiß allerdings jedermann, daß an einem offenen Grab stark übertrieben wird. Deshalb darfst Du Deine Bemühungen um glorifizierende Nekrologe nicht überbewerten. Es gilt weit nachhaltigere Maßnahmen zu treffen. Als wunderbarer und mannigfach bewährter Dauerbrenner erweist sich eine Stiftung, mit der Du eine berühmte Hochschule oder eine internationale Vereinigung zwingst, periodisch von Dir zu sprechen.

Bei der ersten Variante stiftest Du eine Valentin-Faerber-Medaille, die jährlich einem Musterschüler Deiner Fakultät zu verleihen ist. Es versteht sich von selbst, daß Du die entsprechende Stiftungsurkunde von einem Notar aufsetzen läßt. Inhaltlich dürfte der Text etwa so lauten:

»Voll Dankbarkeit für die Unterstützung und Anerkennung, die mir die Hochschule Z zuteil

werden ließ, vermache ich ihr hiermit die Summe von Fr. 250000.–, die wie folgt zu verwenden ist:

1. *Fr. 200000 stehen der Hochschule zur freien Verfügung.*
2. *Fr. 50000.– werden in einem Fonds angelegt, mit dessen Zinsen jährlich der beste Doktorand in meinem Fachgebiet ausgezeichnet wird. Die Auszeichnung besteht aus einer Valentin-Faerber-Medaille (Muster beiliegend) und einem Barbetrag. Die Verleihung erfolgt jeweils am Dies academicus durch den Rektor persönlich.«*

Punkt 1 soll sicherstellen, daß die betroffene Hochschule nicht kneift beziehungsweise Deine Stiftung nicht ablehnt. Je nach der zu erwartenden Willfährigkeit mußt Du den Schenkungsbetrag allenfalls noch erhöhen. Eine andere mögliche Absicherung besteht in dem Zusatz:

3. *»Sollte die Hochschule Z meine Stiftung wider Erwarten ablehnen, so ist die gesprochene Summe bedingungslos an die Nachbarhochschule Y auszurichten.«*

Das wirkt unfehlbar!
Bei der zweiten Variante – welche die erste keineswegs ausschließt – begründest Du eine Valentin-Faerber-Vorlesung, mit der jeder Kongreß der er-

wähnten internationalen Vereinigung eröffnet werden muß. Die Vorlesung wird von einem vielversprechenden Nachwuchsforscher gehalten und mit einer angemessenen Preissumme dotiert.

Willst Du für eine dritte Variante noch mehr Geld auslegen, begründest Du testamentarisch eine selbständige Valentin-Faerber-Stiftung, die Jahr für Jahr ein Preisausschreiben in Deinem Fachgebiet durchführt. Die Gewinner erhalten ein Stipendium für einen dreijährigen Forschungsaufenthalt in den USA oder in Charkassien. Sie nehmen den Preis jeweils anläßlich eines Prominentenbanketts im Hotel Palace in Luzern entgegen. Anschließend werden ihre Namen dort auf einer Marmorplatte eingemeißelt, die Dein Relief trägt.

Bei allen drei Varianten wächst die Schar Deiner Jünger von Jahr zu Jahr und schwillt bald zu einem mächtigen Chor an, der inbrünstig Dein Lob singt (siehe Balloneffekt im Abschnitt ›Berühmt werden‹).

Mit der Mamorplatte im Hotel Palace tust Du einen weiteren entscheidenden Schritt zur Unsterblichkeit. Denn dort wird Dein Konterfei verewigt. Das setzt natürlich gewisse Vorbereitungen Deinerseits voraus, beispielsweise indem Du Dich vorübergehend als Kunstmäzen betätigst. Als solcher bietest Du einem armen, aber begabten Künstler die Gelegenheit, von Dir ein Relief, eine Büste oder gar ein Standbild herzustellen – angeblich, um Deiner Frau im häuslichen Garten eine Freude zu bereiten.

Achte darauf, daß dafür dauerhaftes Material verwendet wird, also – wie bereits erwähnt – Marmor oder Bronze. In Deinem Testament hältst Du dann fest, was mit den Kunstwerken zu geschehen hat. Sie dürfen auf gar keinen Fall Dein Grab schmücken, weil sie dort mit Bestimmtheit belassen und bald vergessen würden. Nein, Du sorgst dafür, daß sie entweder von Anfang an einen wichtigen Platz oder ein wichtiges Gebäude zieren oder zumindest irgendwo störend im Wege stehen. Im letzten Fall wird man sie eines Tages unweigerlich umplazieren beziehungsweise neu aufstellen. Dies entspricht nämlich einem allen Statuen innewohnenden Gesetz.

Bei einer solchen Umplazierung eröffnet sich Dir dann gleichsam posthum die Chance, daß eine öffentliche Anlage als Standort gewählt und nach Dir benannt wird. Gib Dich dabei nicht mit einer Kleinigkeit zufrieden. Was könnte Dir schon ein Faerber-Steig oder ein Faerber-Gässlein bedeuten? Greife nach großen Bauten, Straßen, Plätzen, Pärken und so weiter und lasse sie Faerber-Palais, Faerber-Boulevard und Faerber-Promenade taufen, natürlich wie es sich gehört, das heißt mit einer Rede des Stadtpräsidenten samt Fahnen und Fanfaren.

Mit solchen Maßnahmen stehst Du allerdings etwas außerhalb jenes Einflußbereichs, den Du rein testamentarisch beherrschen kannst. Das spielt aber keine Rolle: Du setzt Deinen Willen einfach anderweitig durch, sozusagen durch posthume Suggestion.

Das gleiche Vorgehen wählst Du, damit man Dein Konterfei auf einer Banknote abdruckt. Unterliege jedoch nicht dem Trugschluß, es müsse sich um die höchste Banknote handeln – nur weil Du Dich selber entsprechend hoch einschätzst. Denn die höchste Banknote wird nur in einer kleinen Auflage herausgegeben, ja, im modernen bargeldlosen Geldverkehr ist sie schon fast überflüssig geworden. Auf ihr wirst Du also nie in das Bewußtsein der Bevölkerung eindringen. Halte Dich deshalb an die niedrigste Banknote, wenn Du hoch hinaus willst! Nur dann bist Du im Umlauf, nur dann ziert Dein Bildnis jeden Hosensack, jede Handtasche und jeden Geldstrumpf.

Ähnliche Überlegungen stellst Du in bezug auf die Briefmarken an. Du gibst (im Grabe) ebenfalls nicht Ruhe, bis Du auf einer solchen Marke prangst. Dabei wählst Du Dir natürlich auch nicht die hochwertigste aus, das heißt jene, die man auf 50 kg schwere und darum seltene Pakete klebt. Aber Du bedienst Dich ebensowenig der niedrigsten, mit der man billige Massensendungen verschleudert. Sondern Du hältst Dich zweckmäßigerweise an jene Briefmarke, mit der man Ansichtskarten frankiert. Diese Marke erfährt nämlich als einzige eine gewisse individuelle Behandlung, weil man sie gewöhnlich abschleckt und von Hand anpreßt. Zudem wird eine Ansichtskarte definitionsgemäß angeschaut, während ein Packpapier und ein Briefumschlag unbesehen weggeworfen werden.

Leider bleiben Banknoten und Briefmarken nicht ewig im Umlauf, sondern werden nach wenigen Jahren ersetzt. Die ersten zum Ärger der Geldfälscher, die zweiten zur Freude der Markensammler. Damit verschwindet zwangsläufig auch Dein Porträt für ein bis zwei Generationen. Nachher erhält es zumindest bei den Briefmarken einen gewissen Seltenheitswert und wird ehrfurchtsvoll erwähnt, beispielsweise auf der Briefmarkenbörse als Faerber-Fünfziger, und zum hundertfachen Preis gehandelt.

Endgültig unsterblich wirst Du aber erst, wenn Du einmal in die Lehrbücher der Schulen eingehst. Dann hast Du es geschafft, dann hast Du gleichsam ewiges Leben! Wenn nämlich Generation um Generation von Unter-, Mittel- und Hochschülern von Dir erfährt – weil sie die Faerber-Zahl, die Faerber-Formel, die Faerber-Gleichung, das Faerbersche Prinzip oder die Faerbersche Irrelevanztheorie büffeln muß –, kann Dich nichts mehr auslöschen. Lehrbücher halten sich ja bekanntlich äußerst lange und werden noch und noch kopiert.

Den Schlußpunkt unter Deine Unsterblichwerdung setzt Du, indem Du – wie andere Große – eine Forscher-Legende über Dich verbreitest. Du weißt ja, was dem Volk gefällt:

- Archimedes hat den Auftrieb im Bad ersonnen,
- Galilei hat den schiefen Turm zu Pisa für Fallversuche benutzt,

- Newton hat sein Gravitationsgesetz entwickelt, als ihm unversehens ein Apfel auf den Kopf fiel,
- Einstein hat die Relativitätstheorie erfunden, weil er sich im Eidgenössischen Patentamt zu Bern tödlich langweilte und so weiter.

Sinngemäß könnte sich für Dich folgendes Geschichtlein als zugkräftig erweisen:

Einst fielst Du auf einer Hochgebirgstour in eine wassergefüllte Gletscherspalte. Einerseits drohte Dich die turbulente Stömung in die Tiefe zu reißen, anderseits wollte Dich das elastoplastische Eis zerdrücken. Doch geschah weder das eine noch das andere. Warum? – Als man Dich nach siebzehn Stunden herauszog, hatte Dein unterkühltes Hirn die Lösung gefunden: Die Amphidromie des Faerber-Effekts!

Ein solches Bergabenteuer nimmt sich für geistige Gipfelstürmer immer gut aus. Man assoziiert Schweizer aber außer mit Bergen gerne noch mit Bankgeheimnis, Uhren und Käse. Vielleicht suchst Du in dieser Richtung nach etwas noch Einprägsamerem?

PRÄNATALE STRATEGIEN

DAS NOTWENDIGE GEGENSTÜCK zur posthumen Suggestion ist die pränatale Planung.

Mit Nachdruck weise ich Dich darauf hin, daß Deine Berühmtheit entscheidend davon abhängt, ob Du im richtigen Land geboren wirst. Gerätst Du nämlich bei Deiner Geburt daneben, so hast Du es sehr schwer – ja, möglicherweise gelingt Dir der Aufstieg zur Weltspitze überhaupt nie. Sorge also pränatal dafür, daß Dich dieses Schicksal nicht ereilt.

Das richtige Land ist jenes, das in wissenschaftlichen Dingen gerade das Sagen hat. In der Antike war das eindeutig Griechenland, in der Renaissance Italien. Dazwischen lag das dunkle Mittelalter, in welchem die Wissenschaftler nicht aufkamen beziehungsweise als Hexer verbrannt wurden. Im 18. Jahrhundert übernahm Frankreich die Führungsrolle und in der zweiten Hälfte des 19. Jahrhunderts Deutschland. Seit dem Zweiten Weltkrieg liegt das Gravitationszentrum der Wissenschaft bekanntlich in den Vereinigten Staaten. Schon deuten aber gewisse Anzeichen darauf hin, daß es sich nach Japan und von dort nach China verschiebt, allenfalls mit einigen Spritzern über die Mongolei hinweg nach Sibirien.

Du vermagst meinen Überlegungen ohne weiteres zu folgen, wenn ich Dir die heutige Situation in Erinnerung rufe: Noch beherrschen eindeutig die Vereinigten Staaten die wissenschaftliche Szene. Das geht so weit, daß Wissenschaft heute nur insofern existiert, als sie sich amerikanisch gibt. Das zeigt sich unter anderem in der englischen Einheitssprache, sowie im Stil der wissenschaftlichen Veranstaltungen, sprich ›Congresses, Symposia, Workshops‹ mit den zugehörigen ›Papers‹. Bist du ein gebürtiger Amerikaner, hast Du es dementsprechend sehr leicht. Du sprichst und schreibst, wie Dir der Schnabel gewachsen ist und bewegst Dich amerikanisch läßig. Denn Du bist in der Wissenschaft sozusagen ein Eingeborener. Schon Deine ›Master Thesis‹ fällt auf fruchtbaren, weil amerikanischen Boden, selbst wenn sie Dinge enthält, die in ›Old Europe‹ bereits von Pascal widerlegt, aber eben nicht ins Englische übersetzt worden sind.

Bist Du jedoch außerhalb der Vereinigten Staaten geboren, trifft Dich unweigerlich das widrige Los des Mischlings oder des Fremden. Als Mischling möchte ich hier jenen bezeichnen, der in einem andern englischsprachigen Land zur Welt kommt. Er beherrscht immerhin die Sprache der echten Eingeborenen, selbst wenn er deren Bräuche nie zu verstehen oder gar auszuüben vermag. Dabei denke ich etwa an einen Engländer, einen Australier oder einen Inder: Alle drei haben den Vorteil, daß sie ihre wissenschaftlichen Entdeckungen in ihrer Muttersprache verbreiten können. Doch besitzen sie deswegen noch lange nicht das übersteigerte und dennoch unbekümmerte Selbstbewußtsein des echten Yankee-Wissenschaftlers. Darum werden sie von den Amerikanern zwar gehört, aber keineswegs verstanden und bestimmt nicht ernst genommen. Folglich ist ihr Widerhall in der wissenschaftlichen Welt recht armselig.

Ein Fremder bist Du, wenn sich Deine Niederkunft außerhalb des angelsächsischen Raums ereignet. Denke beispielsweise an Charkassien, Albanien oder die Schweiz. Was soll von dort Gutes kommen? Dort kannst Du nämlich noch so gescheit, schöpferisch und wortgewandt sein – Du bist und bleibst international gesehen unbekannt, das heißt ein ›Nobody‹. Es sei denn, Du unterziehst Dich einer gründlichen und nachhaltigen Amerikanisierung. Das geschieht am besten, indem Du in die Vereinigten Staaten auswanderst und Dich dort im Schmelztiegel der Völker zu einem gültigen Wissenschaftler umformen läßt. Je eher Du dabei Deine Herkunft verleugnest, um so besser ist es für Deine Karriere. Eine Alternative dazu besteht darin, daß Du nur für ein paar Jahre dorthin gehst und dann als Konvertit zurückkehrst. Ein solcher gibt sich dadurch zu erkennen, daß er deutsch mit amerikanischem Akzent spricht, ein auffälliges amerikanisches Kleidungsstück trägt (Texashut, Schnürsenkel-Schlips, Mokassins) und Ketchup verschwendet. Seine Wissenschaftlichkeit stellt er dadurch unter Beweis, daß er seinen Wortschatz mit zahlreichen Anglizismen durchsetzt. So beginnt er beispielsweise jeden Satz mit »ich möchte meinen« oder »ich würde denken« und spricht dann gebrochen von ›Effizienz‹, ›Resourcen‹ und ›Intangiblen‹ oder kaugummig vom ›Point of no return‹ beziehungsweise von ›Reliability‹ im Gegensatz zu ›Safety‹.

Auf diese Weise wird jedem Betroffenen klar: Dieser Mann ist ein AIAX* – also ein Erleuchteter! Er ist zwar bei uns, aber beileibe nicht einer der unsern – er ist ein Amerikaner und folglich ein erstklassiger Wissenschaftler.

Aber, wie gesagt, ein Amerikaner ist heute ›konzeptual‹ vielleicht schon überholt, und Du mußt nun Japan zu Deinem Geburtsort oder wenigstens zu Deiner Wahlheimat machen.

Außer dem Heimatland mußt Du unbedingt auch Deiner Familie die nötige Beachtung schenken. Zirkle Deine Geburt derart ab, daß Du zu einem günstigen Familiennamen kommst. So ergibt sich für Dich ein äußerst einfacher, aber wirksamer Verstärkereffekt, wenn Dein Familienname noch von zwei bis sieben andern Berühmtheiten Deines Fachgebietes getragen wird. Zum Vorbild kannst Du Dir etwa den Mathematiker Bernoulli nehmen. Er wurde vor allem deshalb so bekannt, weil er nicht weniger als sieben Zeitgenossen besaß, die ebenfalls Bernoulli hießen und herausragende Mathematiker waren. Sein Ruhm wurde dadurch gleichsam achtfach potenziert. Doch darfst Du diesbezüglich nicht übertreiben. Die Zahl acht der Bernoulli-Dynastie dürfte

---

* AIAX = »Au in Amerika xi«, schweizerdeutsch für »auch in Amerika gewesen«

nämlich ein Maximum darstellen. Überschreitest Du sie, so gerätst Du unweigerlich in jene Identitätskrise, die sämtliche Wissenschaftler mit allzu geläufigen Familiennamen befällt.

Laß Dich also nicht in eine Familie Meier, Müller oder Schmid hineingebären – Du erstickst Deinen Ruhm damit im Keime. Zwar gibt es zahlreiche Meier, die in der Wissenschaft Wesentliches geleistet haben. Doch konnten sie sich nie entscheidend von der weltweiten Meierei abheben. Merke: Zuviele Meier verderben den Brei!

Dein Familienname sollte übrigens nicht zu lang oder zu kompliziert sein. Wirst Du nämlich Glied einer Familie, die beispielsweise Krähenbühl oder Bindschädler heißt, steht das Deiner Unsterblichkeit ebenfalls im Wege. Denn die Möglichkeit, daß später einmal eine physikalische Maßeinheit nach Dir bezeichnet wird, ist dann verbaut. Man ist heute ja ohne weiteres bereit, von einem Watt, Volt, Ohm oder Joule zu sprechen. Aber man würde sich weigern, irgendetwas in Krähenbühl oder Bindschädler zu messen und gar erst in Kilokrähenbühl oder Pikobindschädler. Meide also solche Namen. Wirst Du infolge einer verfehlten Familienplanung oder anderer Umstände dennoch damit bedacht, ist guter Rat teuer.

Zum Glück gibt es Länder, in denen man den Familiennamen leicht abändern kann. Dorthin emigrierst Du, sobald Du wissenschaftlich mündig bist, und beauftragst ein erfahrenes PR-Institut, Dir etwas Zugkräftiges auszusuchen. Billiger geht es, wenn Du von Dir aus Deinen Familiennamen verkürzest und dabei auf noch vakante physikalische Maßeinheiten Rücksicht nimmst. Heißt Du tatsächlich Krähenbühl, so drängt sich das Kürzel ›Kräh‹ geradezu auf. Es ist keck und einprägsam und eignet sich vorzüglich, um das nichtssagende Phon oder Dezibel abzulösen. Folglich ist die Wahrscheinlichkeit außerordentlich groß, daß man später einmal — das heißt nach Deinem Ableben — die Lautstärke Dir zu Ehren in ›Kräh‹ erfaßt.

So oder so, ich wünsche Dir abschließend von Herzen, daß Du mit Deiner Ruhmesplanung Erfolg hast. *Möge Dein Lob schon zu Deinen Lebzeiten auf ein paar Megakräh anschwellen, um dann nach Deinem Tode die Traumgrenze von einem Gigakräh zu überschreiten!*

In der Hoffnung, Dir mit meinen Ratschlägen zu dienen, verbleibe ich

                    mit freundlichen Grüßen

                            DEIN DANIEL